AF388685

SAPHO

PAR

ARMAND SILVESTRE

Prix : Un Franc

PARIS

PAUL OLLENDORFF, ÉDITEUR

28 *bis*, RUE DE RICHELIEU, 28 *bis*

1881

Droits de reproduction, de traduction et de représentation réservés.

SAPHO

Représenté pour la première fois, à Paris, sur le théâtre de la Gaité,
le 5 novembre 1881.

DU MÊME AUTEUR

Les Farces de mon ami Jacques, neuvième édition, un
volume grand in-18, avec dessin de Jean Béraud, 3 fr. 50
Les malheurs du commandant Laripète, septième édition,
1 vol. gr. in-18, avec dessin de Jean Béraud .   3 fr. 50

Châtillon-sur-Seine. -- Imprimerie e Jeaune Robert.

SAPHO

PAR

ARMAND SILVESTRE

PARIS

PAUL OLLENDORFF, ÉDITEUR

28 *bis*, RUE DE RICHELIEU, 28 *bis*

—

1881

MADEMOISELLE ROUSSEIL

PERSONNAGES

SAPHO.................... ... . Mlle Rousseil.
ALCÉE.................... ... . M. Silvain.

La scène est au promontoire de Leucade.

SAPHO

SCÈNE PREMIÈRE

SAPHO, seule, tenant sa lyre dans l'attitude de la statue
de Pradier.

Enfin de mes douleurs la coupe est-elle pleine?
Il est mort! — Des bergers venus de Mitylène
M'ont dit qu'il était mort, celui que j'adorais!
Celui que par les monts, les villes, les forêts,
J'ai poursuivi, pareille à la bête chassée
Emportant à son flanc le trait qui l'a blessée!
O Phaon, triste amant qui fis mes jours amers,
J'ai, le cœur plein de toi, cherché le bord des mers
Pour répéter ton nom, dont ma honte s'honore,
A l'innombrable écho de la vague sonore
Et le faire immortel ainsi que mon chagrin!
J'ai voulu te haïr, jeune homme au cœur d'airain!
Je l'ai cru! la colère à notre âme est un leurre.
Ingrat, je t'ai maudit!... Mort! hélas! je te pleure!
Oubliant tes mépris, fière de mon affront,
Je veux chanter encor la grâce de ton front,
Et qu'aux siècles lointains, cette lyre outragée
Dise comment, de toi, Sapho s'était vengée!

Elle prend sa lyre.

1.

I

Celui qui passait triomphant
Debout dans sa grâce farouche,
Sous l'or de ses cheveux d'enfant
Dont le flot attirait ma bouche,
Celui dont la feinte douceur
M'atteignit de blessures telles,
C'était Phaon le beau chasseur
Dont les flèches étaient mortelles !

II

Comme Phœbus, l'archer des cieux
Dont nul ne fuit la flèche sainte,
Il passait, lent et gracieux,
Le front couronné d'hyacinthe.
Vainqueur, il traînait sur ses pas
Mon âme par lui déchirée,
Et mon sang qu'il ne comptait pas
Empourprait sa route sacrée !

III

Pareil au feu de l'Orient
Qui monte des bords de la plaine,
Il s'était levé, souriant,
Dans le ciel d'or de Mitylène.
O jour pour moi sans lendemain !
De mes yeux cachant la brûlure,
Aveugle, j'ai pris son chemin
Aux parfums de sa chevelure !

IV

Mon cœur ne s'est pas révolté
Contre la loi qui porte en elle

Que de l'éternelle Beauté
Vienne la torture éternelle.
Toi qui fis descendre aux enfers
Mon âme à ton charme asservie,
Phaon, les maux que j'ai soufferts,
Je les pleure et je les envie.

V

Car je ne te reverrai plus,
O lils rayonnant d'une aurore.
Et, plus que jamais superflus,
Mes cris t'appelleraient encore !
Aux astres déclinants pareil
Dont la nuit seule sait le nombre,
Tu descendis au flot vermeil
Où ma plainte évoque ton ombre.

VI

Mer aux abîmes infinis,
Ainsi qu'autrefois Cythérée,
Je pleure un nouvel Adonis
Le long de ta route sacrée.
Ton bruit doucement obsesseur
Emporte, en la berçant, ma plainte...
Car il est mort, le beau chasseur
Au front couronné d'hyacinthe !

Après un silence.

Il est mort ! les bergers me l'ont dit : c'est certain !
Où ? je ne le sais pas. Depuis que le destin
M'obstinait sans relâche à sa trace infidèle,
Ingrat, il me fuyait, comme fait, d'un coup d'aile.

L'oiseau craintif devant le batteur de buissons.
C'est toi, fière Sapho, qui, rebelle aux leçons
Des sages, aussi bien qu'à l'amour des poètes,
Souffris de tels dédains les tortures muettes!
D'autres m'avaient aimée : Alcée, entre tous grand!
Mais que nous fait l'honneur lorsque l'amour nous prend.
Dans le cœur dévasté ne souffrant qu'une image?
Ses mépris m'étaient doux bien plus que leur hommage!
Quel vide maintenant! plus même cet affront
Sous lequel, orgueilleux, s'humiliait mon front!
Tout a repris, pour moi, la nudité première!...
Ses yeux, en se fermant, m'ont ravi la lumière.

> Elle reste un instant accablée. — A ce moment, un vieillard s'ap-
> proche d'elle et la contemple douloureusement. C'est Alcée. —
> Elle ne le voit pas.

SCENE II

SAPHO, ALCÉE.

ALCÉE, à part.

C'est elle!... Belle encore! et pourtant les regrets
A leur cruelle empreinte ont façonné ses traits.

Haut.

Sapho!

> Silence de Sapho.

Quelle douleur!

Plus haut.

Sapho!

SAPHO, écartant ses mains de ses yeux, avec effroi.

Qui vient?... Alcée!

ALCÉE.

Quoi! tu me reconnais malgré l'ombre amassée
Dans mes yeux par le Temps dont le doigt m'a courbé,
Malgré le flot de neige à mes cheveux tombé!

SAPHO.

Oui, je te reconnais et je sais qu'avant l'âge,
Causés par moi, les pleurs ont flétri ton visage
Et t'ont fait de souci bien plus que d'ans chargé!
Mais ne me maudis pas!... Les dieux t'ont bien vengé!

ALCÉE, avec douceur.

Te maudire, Sapho!... Oui, tu me fus cruelle!
Mais, sous une torture aveugle et mutuelle
Enchaînés par l'Amour, les hommes sont, pour moi,
Les bourreaux innocents d'une implacable loi.
Lambeau de robe pris au dos sanglant d'Hercule,
L'Amour est un fouet qui dans nos mains circule,
Passant de l'un à l'autre et partout flagellant
La vierge triomphante et le vieillard tremblant!
Pour qui conçoit ainsi l'Amour et son salaire,
Contre qui nous torture il n'est pas de colère.
Non! je ne t'en veux pas. Sapho! C'est un ami,
Sachant contre l'Amour ton cœur mal affermi,
Qui vient te consoler, pour que, par moi plus forte,
Le faix que j'ai porté ton âme aussi le porte!

SAPHO, sombre.

Qui t'a dit ma douleur?

ALCÉE.

Je n'ai rien ignoré
Des peines dont ton cœur, Sapho, fut déchiré,
Mon souvenir pensif partout t'a poursuivie,
Toi qui restes mon Rêve ayant été ma Vie!

SAPHO, plus doucement.

Puisque tu sais le mal qu'il m'a fallu souffrir,
Ami, tu sais aussi que rien n'en peut guérir!

ALCÉE.

Sans fermer à jamais sa blessure sacrée,
On en peut adoucir la douleur acérée
Et d'un flot moins fougueux en laisser fuir le sang.

SAPHO, avec ironie.

Qui t'apprit ce remède au pouvoir caressant,
Ce baume dont le cœur est soulagé?

ALCÉE.

                          Toi-même
Et l'affreuse douleur qu'on souffre quand on aime!

SAPHO.

Va, tu ne m'aimais pas, puisque tu n'es pas mort!

ALCÉE.

Épargne à ton génie un éternel remord.
O poète!
            Lui montrant sa lyre.
En tes mains prends la lyre immortelle,
Le refuge aux souffrants et le salut, c'est elle!

Comment, dis-tu, par moi mon mal fut supporté ?
— Je me suis souvenu, ma sœur, et j'ai chanté :

I

La Lyre est l'amie éternelle !
L'Art montre l'éternel chemin !
Tout bonheur durable est en Elle,
En Lui gît tout l'honneur humain !
Aux saintes cordes de la Lyre
Vibre, après l'amoureux délire,
Le réveil de notre fierté.
A notre cœur même arrachées,
Elles chantent, sitôt touchées,
Un hymne d'immortalité !

II

La Lyre est la porte fermée
Qui garde le jardin des cieux :
Par Elle à notre âme charmée
S'ouvre un séjour délicieux.
Comme un chasseur qui tend ses toiles,
Le poète prend des étoiles
Au réseau de ses cordes d'or ;
Et, des planètes effarées
Volant les ailes déchirées,
Fuit dans l'azur plus haut encor !

III

Sonore, éclatante et vermeille,
Oiseau chantant, flambeau qui luit,
La Lyre à l'Aurore est pareille,
Chassant les ombres de la Nuit.
Aux ténèbres du cœur levée,
Souriante et de pleurs lavée,
Elle monte en resplendissant,
Et, sur nos têtes suspendue,

Fait flamboyer dans l'étendue
Nos larmes avec notre sang!

Il a élevé la lyre au-dessus de sa tête. — Sapho, partageant son
enthousiasme, la lui reprend.

SAPHO.

IV

Oui! tu dis vrai : la Lyre est sainte!
Pardonne, ami, si j'ai douté!
C'est vivre encor que, de sa plainte,
Éveiller l'immortalité ;
Que mêler encor son génie
A l'universelle harmonie
Des maux par les autres soufferts,
Et, cette Lyre pour trophée,
D'aller comme autrefois Orphée,
Gémir jusqu'au seuil des enfers!

ALCÉE, joyeusement.

J'aime à te voir ainsi, Sapho! — Reprends courage!
Et les dieux de ton ciel chasseront cet orage.
Car tous, — et j'ose enfin te le dire en ce jour —
Nous rougissions pour toi de cet indigne amour.
Un ingrat qui, tandis que Sapho se lamente,
S'enivre lâchement aux bras d'une autre amante!...

SAPHO, bondissant.

Phaon! Mais il est mort!

ALCÉE.

Non pas! Il est vivant!

SAPHO.

Tu t'abuses, Alcée!

ALCÉE.

Hier encor, triomphant.
Je l'ai vu dans Lesbos avec Cassiopée!

SAPHO.

Phaon vit!... Mais alors ces bergers m'ont trompée!
Phaon vit et Lesbos qui m'a donné le jour
Prête son ciel impie à son coupable amour!
Tout, jusqu'à mon berceau, me devient infidèle!
O sombre vision! je le vois auprès d'elle!
Sa bouche est sur sa bouche! Il lui donne un baiser!
Ne tomberas-tu pas, ciel, pour les écraser!
O folle, qui pleurais cet homme qui t'outrage,
Demande au désespoir un suprême courage!
Phaon vit! mais alors c'est moi qui vais mourir!

Elle s'avance vers la mer, Alcée va pour la retenir.

ALCÉE.

Grands dieux!

SAPHO, le repoussant avec violence.

Arrière, toi qui sais vivre et guérir!
Vieillard dont la douleur s'endort au chant des lyres.

Prenant sa lyre avec colère.

Et toi, vain instrument des antiques délires,
Lyre, qui n'a rien pu pour mon cœur trop amer,
Tu descendras, brisée, avant moi, dans la mer!

Elle la précipite dans les flots.

ALCÉE, cherchant à la calmer.

Tout à l'heure pourtant...

SAPHO.

Je pleurais tout à l'heure!
Mais, Alcée, à présent, regarde si je pleure!
Dans le feu de mes yeux lis mon dessein mortel!

Elle s'approche du rivage.

ALCÉE, *cherchant à l'arrêter encore.*

Au gouffre tu descends!

SAPHO.

Non! je monte à l'autel
Du Dieu qui, seul, guérit l'inguérissable plaie!
Car mon corps que l'Amour a traîné sur sa claie
Ne veut plus d'autre lit que l'éternel tombeau!
Car je porte un cœur vide et des yeux sans flambeau,
Ne sentant plus en moi que la terreur de vivre!

ALCÉE.

Où vas-tu, malheureuse?

SAPHO.

A la mort qui délivre!
Au néant qui m'appelle et m'ouvre enfin ses bras!

*Elle se précipite dans la mer. — Alcée pousse un cri, puis, après
un moment de silence.*

ALCÉE.

O Sapho, dans tes chants, malgré toi tu vivras!

Rideau.

FIN

IMPRIMERIE GÉNÉRALE DE CHATILLON-SUR-SEINE, JEANNE ROBERT

www.ingramcontent.com/pod-product-compliance
Lightning Source LLC
LaVergne TN
LVHW010305190726
843502LV00014B/2626